So leben die Bauern

1 2 3 86 85 84

Redaktion: Gisela Stottele
Die französische Originalausgabe erscheint
unter dem Titel „La Ferme d'hier et d'aujourd'hui"
im Verlag Berger-Levrault, Paris

Printed in Italy
ISBN 3-473-33544-4

SCHMITGEN

* * * *

So leben die Bauern

– früher und heute

Eine Familie auf dem Lande

Ein Bilderbuch von Philippe Fix
Erzählt von Antoinette Becker

Otto Maier Verlag Ravensburg

Damals

Im Wald wurde es dunkel.
„Die Sonne geht schon unter", dachte das Mädchen, packte ihren Korb mit den aufgelesenen Bucheckern und rannte zum Waldrand. Da sah es das strohgedeckte Dach des kleinen Hauses, das es mit Vater und Mutter und den zwei Brüdern bewohnte. Auf dem Dach wuchsen Gräser und Moos. Das macht der Samen, den die Vögel fallen lassen, wenn sie Nahrung wegtragen. Das wußte sie vom Großvater. Sein Haus lag hinter dem Wald. Es war mit Schilf gedeckt. Er hatte das Schilf am Weiher geschnitten.
„Das kostet nichts, Kind", hatte er gesagt. „Aber geh nicht allein ans Wasser, es ist sumpfig dort!"
„Anna, Anna!" Das war Mutters Stimme. Das Mädchen zog seine Holzschuhe aus und rannte. Das Federvieh mußte in den Stall. Es flatterte und gackerte.
„Mutter", rief Anna, „wann holt Vater eine Mistelkrone vom Baum herunter?"
„Zu Weihnachten. Jetzt ist Oktober, und wir

müssen Miete und Dachboden für den Winter füllen." Einen Keller gab es nicht.
In der einzigen Stube drinnen war es warm. Vater und die Brüder saßen schon am Tisch auf der Bank. Die Kühe steckten ihre Köpfe durch die Löcher in der Holzwand, um ihr Futter aus der Raufe zu holen.
„Komm, Anna." Die Mutter füllte Annas Holzschüsselchen mit Brei, auf den sie etwas Milch goß. Anna rührte mit ihrem Holzlöffel herum und suchte vergeblich nach Speckstückchen.
Mutter gab ihr noch ein Stück Brot.
„Es ist unser letztes, übermorgen backe ich."
„Mutter, wann zündest du den Ofen an?"
„Bald", antwortete der Vater. „Jetzt genügt uns noch die gute Wärme unserer Tiere."

Kind sein

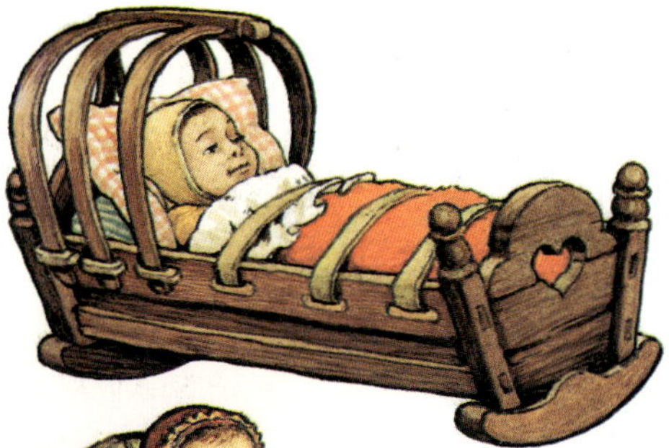

Mutter legte den kleinen Bruder in die Wiege. Dort wurde er festgebunden. So konnte er nicht herausfallen und strampeln. Als er geboren war, wickelte ihn die Mutter immer bis zum Hals. Wie ein kleiner Sack sah er aus.
„Der kann sich ja gar nicht rühren", meinte Anna.
„Das soll er auch nicht", sagte die Mutter.
„So bekommt er einen geraden Rücken und gerade Beine. Das habe ich von meiner Mutter gelernt."
Mutter nahm den kleinen Bruder überall mit hin. Sie hatte einen Weidenkorb. Darin stand er und wurde festgebunden, und so konnte er die Welt betrachten. Bald kam der kleine David in sein Laufgestell. Dort konnte er das Laufen alleine lernen.
Als es dunkel wurde, mußte Anna ins Bett.
Sie half ihrem Bruder Johannes beim Ausziehen. Er war fünf Jahre alt und trug schon seit zwei Wochen kein Röckchen und kein Häubchen mehr, sondern eine Hose mit Trägern.
Anna stieg in ihr Bett und kroch unter das klamme Federbett. Sie schloß sorgfältig die Schiebetüren von ihrem Bettschrank. So war sie allein und hatte es warm.
„Wie lieb Mutter ist", dachte sie.
Sie hatte Anna einen warmen Ziegelstein ins Bett geschoben.

Brot backen und Wasser holen

Es war Backtag. Alle zwei Wochen backte die Mutter Brot. Eine ganze Fuhre Brotlaibe, für die Familie und für die Großeltern. Am Abend rührte Mutter den Teig im Backtrog an.
Sie knetete und walkte ihn, bis er Blasen warf. Dann ließ sie ihn gehen.
Anna wachte ganz früh am Morgen auf. Mutter hatte schon ein paar Laibe geformt und sie auf das Backbrett gelegt. Dort gingen sie noch einmal. Vater hatte am Abend den Backofen im Hof angezündet; das Brot mußte in einen warmen Ofen. Mutter backte immer einen kleinen Brotlaib für einen armen Wanderer mit. „Wann kommt der wohl?“ fragte sich Anna.

Zum Morgenessen gab es dann heiße Milch und Brot. Bevor die Mutter den Laib anschnitt, zeichnete sie ein Kreuz mit der Messerspitze auf den Brotrücken.
„Das Brot ist eine Gottesgabe“, sagte sie immer. Mutter stellte die Schüssel mit Körnerbrei auf den Tisch, aus der sie alle aßen. Anna freute sich, wenn etwas von der braunen Butter zu ihr floß! Auf dem Herd kochte schon die Kartoffel- und Gemüsesuppe für das Mittagessen. Am Sonntag gab es manchmal etwas Fleisch dazu.
Anna mußte den Großeltern beim Wasserholen helfen. Sie hatten keinen Brunnen im Hof wie Annas Eltern. Seit die Quelle im Wald versiegt war, mußten sie weit zum Dorfbrunnen laufen. Tante Magdalene trug gleich zwei Krüge, ohne etwas zu verschütten.

Winterabende

Kalt war es geworden. Der erste Schnee fiel. Es wurde früh Nacht.
„Mutter, gehen wir heute zu den Großeltern?" Anna konnte es gar nicht erwarten. Abwechselnd trafen sich im Winter die Familien und Nachbarn und verbrachten die langen Abende miteinander. Und so ließ sich ein bißchen Öl für die Lampe und Holz für das Feuer sparen.
Als sie ankamen, waren schon viele Leute da. Großvater hatte eine große Feuerstelle. Wie das Feuer prasselte! Vorsichtig legte er zwei große Holzscheite nach.
Vater flocht einen Kirschenkorb, der Nachbar Florian schnitzte an einem Stück Holz: „Wir brauchen Löffel", sagte er, „die Kati heiratet bald."
Mutter stickte an der großen Tischdecke, die Marie spann neue Wolle, Großmutter strickte. Jeder tat etwas.
„Erzähl was, Großvater", bat Anna. „Wie war es, als der Geist klopfte?"
Alles war mit einem Mal still, nur das Feuer knisterte. Das Spinnrad verstummte. Großvater erzählte. Plötzlich klopfte es. Alle erschraken. Aber es war nur Onkel Joseph, der seine Pfeife am Balken ausklopfte. Da mußten alle lachen.
„Das nächste Mal gehen wir zum Vetter Brandes", sagte einer. „Da kommt der Hannes aus Schlitz, der weiß alles, was in der Gegend passiert. Und erzählen kann der! Mit dem sprechen noch die Tiere und Bäume! Vielleicht bringt er seine Fidel mit!" Anna saß neben dem Vetter Fritz, der zupfte sie leise am Zopf.

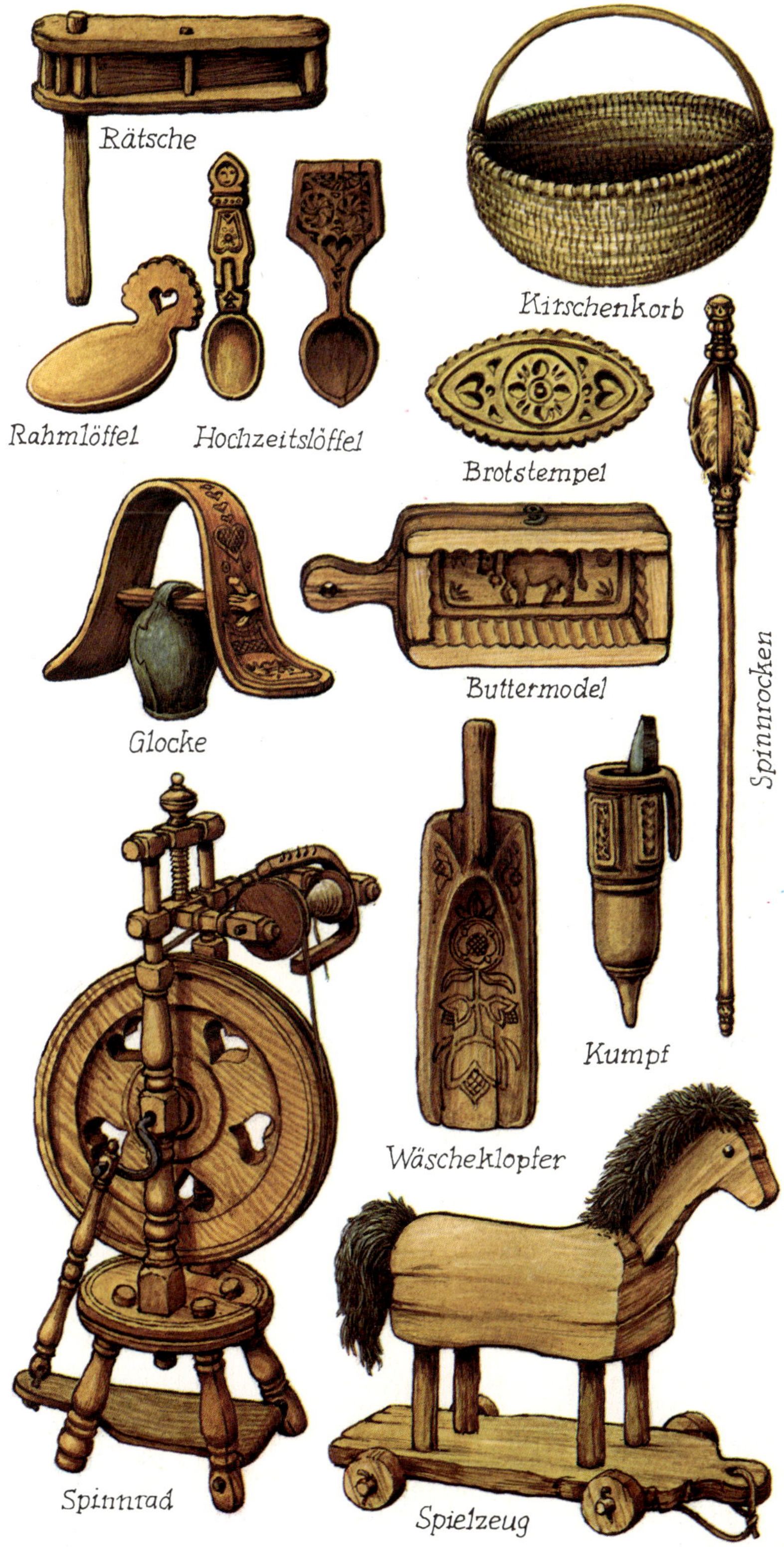

Auf dem großen Hof

Eine lange Zeit war vergangen, über fünfzig Jahre. Anna war inzwischen eine alte Frau geworden. Sie hatte eine Tochter, Katharina, die mit ihrem Mann Jakob und den Kindern auf dem großen Hof an der Landstraße wohnte.
Mutter Anna besuchte ihre Tochter. Etwas mühsam kletterte sie vom Wagen.
„Komm, Mutter, du mußt dir gleich alles anschauen!“ Katharina ging mit ihr im Haus durch die drei großen Stuben und in den Keller.
Mutter Anna staunte: „So groß!“
„Ja, und schau, da haben wir das Gemüse für den Winter und das Eingesalzene, dort ist der Keller für Wein und Most.“
Sie gingen hinüber zur großen Scheune: „Vier Wagen“, sagte Mutter Anna, „und der neue Pflug!“ Sie gingen über die Tenne mit dem Dreschboden, die Mutter sah den vielen Platz für das Futter, das Heu und das Stroh.
„Komm zu den Pferden!“ sagte Katharina.

Aber die Mutter schaute erst in den Kuhstall: „Zehn Kühe, das ist viel Arbeit! Und wo habt ihr die Schweine?“ „Im neuen Stall beim Gemüsegarten. Wir haben dieses Jahr auch zum ersten Mal Schafe. Wir wollen es versuchen.“
Katharinas Mann hatte den Brunnen neu mauern lassen. Wie leicht das Rad lief! Das sah Mutter Anna gleich. Und sie sah auch die neue Tränke fürs Vieh. „Das Schönste sind meine Tauben im Turm!“ Sie gingen durch den Gemüsegarten bis zum kleinen Weiher mit den Enten. „Wir verkaufen viel auf dem Markt“, sagte Katharina. „Gemüse, Eier, Hühner, aber auch Weizen und Kartoffeln. Wir brauchen das Geld, um den Knechten und Mägden ihren Lohntaler zu geben. Das Salz ist teuer und die Steuer dafür so hoch, und wir brauchen doch viel fürs Vieh und zum Einlegen.“
„Leicht ist es nicht,“ sagte Mutter Anna, „aber du hast es wirklich sehr schön.“

Was die Bäuerin Katharina alles tat

Im Sommer fing der Tag um vier Uhr an, im Winter etwas später. Katharina stand immer als erste auf. Sie machte das Feuer in der Küche an, dann ging sie zu den Kühen. Im Winter melkte sie im Stall, im Sommer auf der Weide, wo die Kühe auch nachts blieben. Es sah so leicht aus, wenn Katharina melkte. Gleichmäßig und schnell bewegte sie die Hände, sie schien kaum an den Zitzen des Euters zu ziehen und zu drücken, und doch spritzte die Milch in den Eimer. „Wenn's einer nicht kann, dann wird die Kuh unruhig und böse“, hat sie einmal zu den Kindern gesagt, „unsere Kühe kennen mich.“

Miezchen wartete immer, daß ihr Katharina den Schaum der frisch gemolkenen Milch gab. Später goß sie die Milch durch ein Sieb und in große irdene Milchschüsseln. Dort ruhte sie einige Tage. „Ich gehe jetzt die Schweine füttern, legt die Betten aus“, rief sie ins Haus, als sie die Molke holte. Sie brachte den Schweinen Mastfutter aus Kartoffeln, Gemüseabfällen, Fettwasser, Kleie und Molke. Im Sommer waren sie auch draußen und suchten den Boden ab nach zarten Wurzeln. Im Winter blieben sie im Stall, wurden dick und fett – und ihre Tage waren gezählt.

Später fütterte Katharina die Hühner. Sie brachte ihnen eine Schürze voll Gerste und Korn. Die Eier durften die Kinder aus den Nestern zusammensuchen, die sich die Hühner überall im Hof und in der Scheune machten. Auch die Hasen mußten versorgt und der Stall gereinigt werden. Keiner im Dorf machte so gute Butter wie Katharina. Die Milch, die in den Milchschüsseln gestanden hatte, wurde abgesahnt. Die Sahne war leichter als die Milch und hatte sich oben abgesetzt. Diese Sahne ließ Katharina gären. Dann schmeckte sie säuerlich. Das mochten die Kinder nicht, ihnen schmeckte nur der süße Rahm. Der saure Rahm wurde in dem Butterfaß mit einem Quirl geschlagen. Katharina hatte ein Holzbutterfaß, ihre Mutter Anna noch eines aus Ton. Dort wurde durch den Deckel ein Stock gesteckt, der unten eine durchlöcherte Scheibe hatte.

Diesen Stock bewegte man von oben nach unten, auf und ab, und stampfte den Rahm, der immer fester wurde.
Katharina hatte sich ein großes Butterfaß gewünscht mit einer Kurbel. Das ging schneller und verarbeitete mehr Sahne auf einmal. Vor allem ging es leichter. Die Butter wurde aus dem Faß genommen und abgespült. Katharina preßte und knetete sie und formte kleine Ballen. Manche wurden in eine schön geschnitzte Form gepreßt, die trugen dann ein wunderschönes Blumenmuster. Katharina verkaufte sie am Freitag auf dem Markt. Zwei Ballen hatte die Frau vom Bürgermeister schon bestellt.
Die Tagesarbeit war noch lange nicht getan. Das Essen mußte gekocht werden, die Wäsche sollte eingeweicht werden, denn alle zwei Wochen war Waschtag. Im Garten mußten Bohnen gelegt und Kräuter gesät werden. Am Abend setzte sich Katharina hin und stopfte die Strümpfe und flickte die Kleider vom Vater und von den Kindern. Wenn die Großmutter da war, half sie. Am späten Abend strickte Katharina noch an der Jacke für Elisabeth, die Tochter, die bald Geburtstag hatte.

Pflügen und Säen

Im Winter hatte der Bauer Zeit gehabt, alle Geräte in Ordnung zu bringen. Die Hacken brauchten neue Stiele, und die Walze hatte ein Eisen verloren. Ein dicker Stein hatte das Streichblech des Pfluges verbogen. Er mußte es flachklopfen. Sein Pflug hatte ein Fahrgestell mit Furchenrad und Streichblech. Er wendete die Erde auf einer Seite und ging tief in den Boden. „Du wirst schon sehen, wenn ich den Acker beim Wald umpflüge“, sagte der Bauer zu seinem Sohn Hans, „die Erde muß locker werden und atmen wie du, sonst erstickt der Samen oder die Pflanze.“ Der Großvater hatte noch mit einem ganz einfachen Pflug gearbeitet. Das war sehr hart. Es gab nur eine Pflugschar, die nicht tief in den Boden drang und das Unkraut oder den Mist nicht mit untergrub.

„Woher weißt du, wann du säen mußt?“ fragte Hans den Vater.
„Das hab ich vom Großvater gelernt, und jetzt habe ich selbst Erfahrung. Man muß seinen Boden kennen, man muß wissen, welchen Dünger er braucht, wieviel Feuchtigkeit... Aber weißt du, alles kann auch schiefgehen. Plötzlich kommt noch einmal Frost oder ein Gewitter mit Hagel. Auch wenn es nicht regnet, ist es schlimm.“
Im März pflügten sie dann den Acker am Wald. Vater hatte die Ochsen angespannt.
„Warum nimmst du nicht die Pferde?“ fragte Hans.
„Die Ochsen haben mehr Kraft. Sie sind ruhiger. Als ich ein Junge war, durfte ich Großvaters Ochsentreiber sein. Leise berührt man mit dem Stachel den Kopf der Tiere, um sie anzutreiben.“
Der Vater hatte den Sterz fest in der Hand. Die Sohle des Pfluges hob und senkte sich. Vater war ein guter Pflüger. Er schonte seine Tiere und war geduldig mit ihnen.
Bald darauf konnten sie säen. Der Vater hatte sich einen Sack umgebunden und ging langsam die Furchen entlang. Er holte das Korn mit der rechten Hand aus dem Sack und säte es breitwürfig aus. Er machte immer die gleichen halbkreisförmigen Bewegungen.
Gleich danach kam er mit der Egge. Die zerkrümelte und ebnete die Erde. Als letztes brachten sie die Ackerwalze zum Feld. Sie begrub den Samen, indem sie die Erdschollen zertrümmerte und festwalzte. „Ja, und nun hoffen wir auf günstiges Wetter, Sonne und Regen, damit die Saat schnell treibt“, sagte der Vater.
„Eine gute Ernte, und wir haben gutes Brot.“

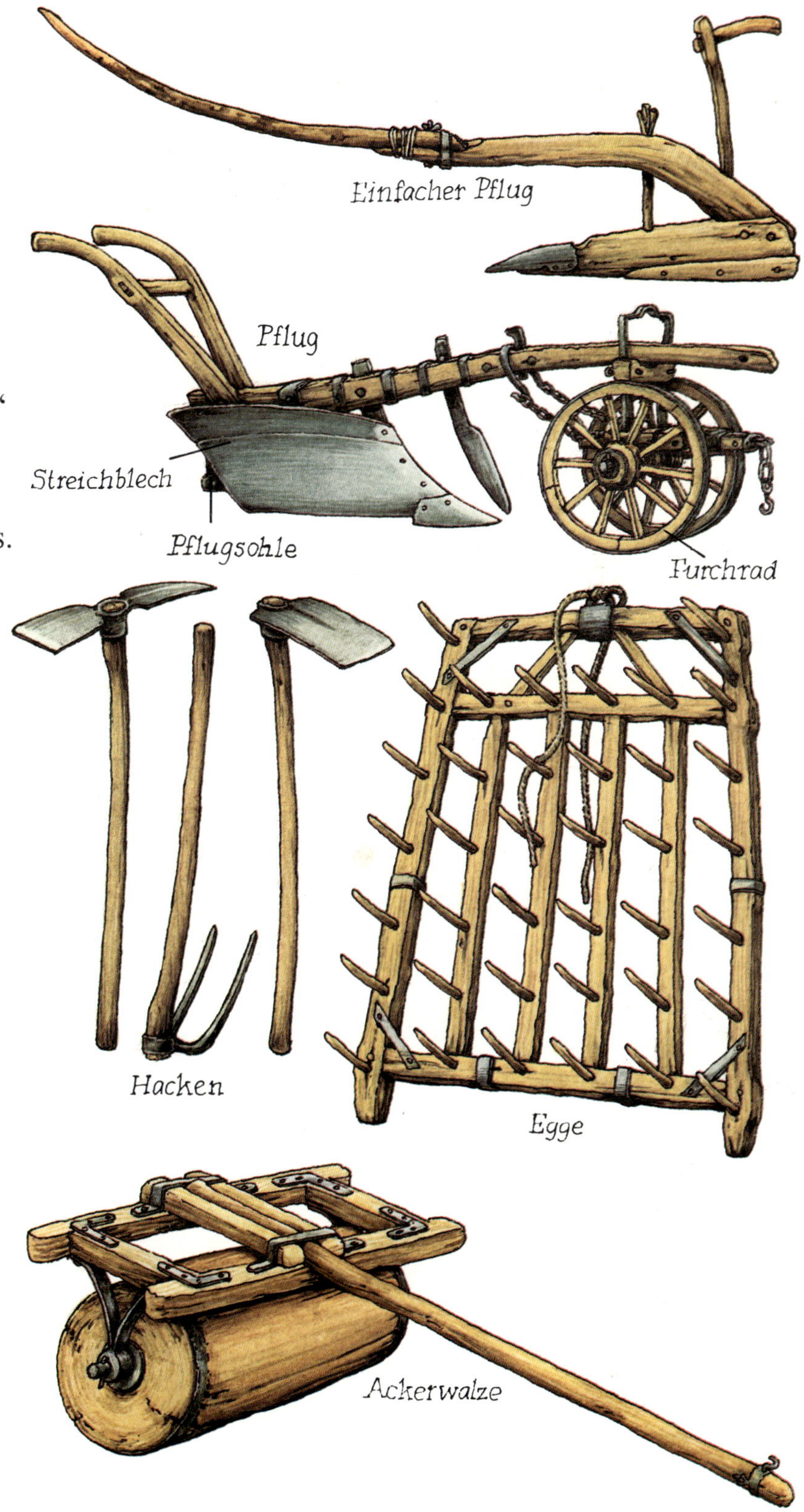

Die Heuernte

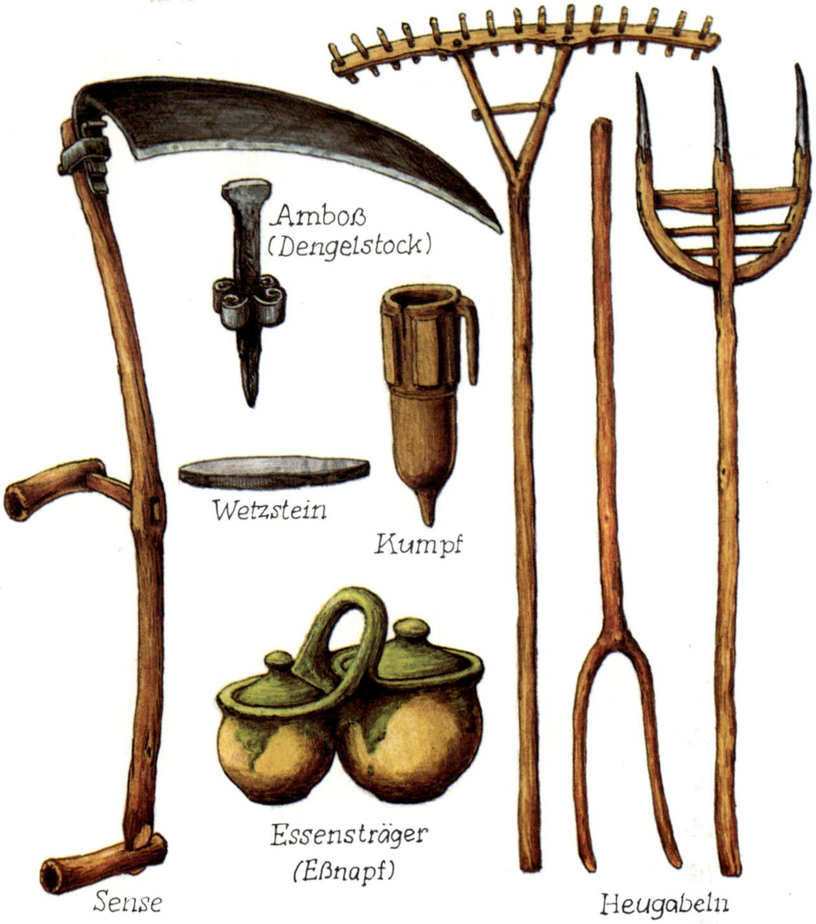

„Morgen werden wir mähen“, hatte der Vater zu Katharina und Hans gesagt. Um vier Uhr morgens lag noch leichter Sommerdunst auf den Feldern und in der Ferne. Die Sonne war gerade am Aufgehen. Der Vater hatte seine Sense geschultert; auf der anderen Schulter trug er einen Hammer und einen kleinen Amboß, den Dengelstock. Da lag die große blühende Wiese. Der Tau glänzte auf den Gräsern. Die anderen Mäher waren schon da.
Der Vater stellte sich vorne an den linken Rand der Wiese. Er war der beste Mäher. Einige Meter hinter ihm standen der Knecht und dann hintereinander die anderen Mäher. Vater stand breitbeinig da, holte aus mit der Sense und fing an zu mähen. Die anderen stellten sich auf seine Bewegungen ein. Sie schwangen die Sensen von rechts nach links in einem großen Halbkreis und schnitten das Gras dicht über dem Boden. Nach und nach lagen die Schwaden in Reihen.
Jetzt hielt der Vater an. Alle folgten ihm.
Die Sensenblätter waren stumpf geworden.
Am Gürtel jedes Mähers hing, halb mit Wasser gefüllt, der Kumpf mit dem Wetzstein. Damit schliffen sie ihre Sensen. Die Sense vom Knecht hatte ein Stein getroffen. Auf dem Dengelstock hämmerte er das beschädigte Sensenblatt glatt. Später brachte die Mutter mit den Mägden zu essen und zu trinken. Im Schatten eines Baumes ruhten sie sich aus. „Man spürt schon sein Kreuz“, sagte einer.
„Aber jetzt seid ihr dran“, sagte der Vater zu den Frauen. Katharina und die Mägde ergriffen die Heugabeln und breiteten das Gras aus, damit die

Sonne es trocknen konnte. Sie wendeten es, hoben es hoch und schüttelten es immer und immer wieder. Am Abend wurden Haufen gemacht. „Morgen breiten wir es wieder aus. Wenn kein Regen kommt, werden wir gutes Heu haben."
Es hat nicht geregnet. Der Vater fuhr mit dem großen Ochsenkarren hinaus. Er stand auf dem Wagen, packte das Heu auf, das ihm die Männer und Frauen hochreichten. Als der Wagen ganz vollgeladen war, rief der Vater die Kinder: „Los, rauf!" Die Ochsen zogen langsam den schwerbeladenen Wagen an. Am gleichen Abend wurde das Heu noch in die Scheune gebracht.
„Wenn das Grummet im Herbst auch so gut wird", sagte der Vater zu Katharina, „dann haben wir genug Futter für den Winter."

Die Ernte

Es war voller Sommer. Die Sonne brannte vom Himmel. Die Kornfelder wogten im Wind wie ein gelbes Meer. Eines Abends kamen die Mäher. Am Tag davor hatten sie noch beim Nachbarn gearbeitet. Sie brachten ihre Sensen mit und bekamen ein Lager in der Scheune.
Manche Bauern schnitten das Korn noch mit der Sichel. Der Vater aber und die Tagelöhner hatten Getreidesensen mit einem Gestell, das die Halme zusammenraffte, bevor sie der Mäher zu Boden gleiten ließ. Vater und die Mäher teilten sich die Arbeit. Die einen schnitten das Getreide, die anderen banden es und stellten die Garben auf dem Feld auf. Die Kinder machten sich aus einer solchen Mandel das schönste Häuschen. Die Sonne war sengend heiß. Der Vater wischte sich den Schweiß vom Nacken, lüftete den Strohhut, doch sofort schnitt er weiter. Er mußte heute mit dem Feld fertig werden. Die Garben wurden trocken in die Scheune gebracht. Die Kinder warteten mit Spannung auf das Ende der Ernte. Wenn der letzte Erntewagen in den Hof fuhr, stand Mutter mit den Mägden vor dem Haus. Sie bekam ein schönes Kreuz aus Ähren, das ihr

die Mäher geflochten hatten. Mutter freute sich: „Das hänge ich in die Stube!“
Am Abend gab es ein großes Festessen für alle.
Wenn abgeerntet war, kamen die Ährenleserinnen. Sie suchten das Feld nach übrigen Ähren ab. Der Vater wollte immer, daß noch etwas für sie liegenblieb, so wie es Sitte war.
Dann kam das Dreschen. Die Körner mußten von den Halmen gelöst werden. Abwechselnd schlugen die Tagelöhner mit dem Dreschflegel auf das Getreide. Damit begann eine harte und staubige Arbeit. Wochenlang hörte man das Schlagen der Dreschflegel und sah die Staubwolke über dem Dreschboden.
Der Nachbar Philip hatte sich eine Dreschmaschine ausgedacht. Ein Pferd mußte auf einer rollenden Treppe laufen. Dadurch wurde das Getreide geschüttelt, und das Korn fiel herab.
Wenn alles Korn gedroschen und in Säcke gefüllt war, verkaufte Vater einen Teil in die Mühle.

Die Arbeiten im Herbst

Es war Herbst geworden. Mutter und Elisabeth gingen Pilze suchen. Mutter kannte die guten Plätze noch aus ihrer Kindheit. Sie hatten auch einen Korb mitgenommen für wilde Brombeeren. „Morgen fädeln wir die Pilze auf und hängen sie zum Trocknen auf den Speicher“, sagte die Mutter.

„Und von den Brombeeren machen wir Marmelade, ja, Mutter?“

Das Kartoffelkraut war schon gelb und welk. Bei der Kartoffelernte mußten wieder alle mithelfen. Der Vater nahm den Kartoffelpflug und lockerte den Boden vom Kartoffelacker. Die Kartoffeln wurden herausgebuddelt, von der Erde befreit und an Sonne und Luft getrocknet. Dann wurden sie sortiert und in Säcke gefüllt oder auf dem Karren in den Keller gebracht. Kartoffeln waren für Tiere und Menschen wichtig zum Leben.

Am meisten aßen sie Kartoffeln; diese ersetzten oft das Brot.

Elisabeth las Haselnüsse auf. Der Knecht und Hans schlugen von den Bäumen die Walnüsse herunter, die sie aus dem feuchten Gras auflesen und aus der Schale herauspulen mußten.

Die Mutter machte herrliches Nußöl zum Kochen daraus. Die Reste kamen in die Lampen. Und ein paar Nüsse wurden auf dem Speicher getrocknet. Am Nikolausabend durften die Kinder die ersten Nüsse knacken.

Katharina und ihr Mann hatten keinen Weinberg. Dafür ernteten sie viele Äpfel. Jakob hatte sich einen Sack als Tasche umgebunden. Vorsichtig pflückte er die Früchte. Die schönen Äpfel kamen in den Keller. Dort legte sie

Katharina behutsam in die Regale zum Nachreifen. So hatten sie bis zum Frühjahr Äpfel zum Essen. Die fleckigen Äpfel wurden zu Most verarbeitet.
Die Bäume wurden geschüttelt, die Äpfel mit Stangen abgeschlagen, gesammelt, ausgelesen und gewaschen. Sie kamen in eine Apfelpresse, einen kreisförmigen Steintrog, in dem zwei Mahlsteine aus Holz und Granit die Äpfel zerdrückten. Ein Pferd trieb die Steine an. Dann kam der Apfelbrei in die Kelter. Eine Schicht Brei, eine Schicht Stroh, damit der Saft besser abfließen konnte, wenn der Deckel mit einer großen Holzschraube immer fester angepreßt wurde. Der Saft floß in einen Bottich, von dort kam er in Fässer. Da konnte er gären und seinen Zucker verlieren. Nach einem Monat schmeckte der Most vorzüglich.

Schnaps brennen

Der Bauer Jakob und schon sein Vater hatten die Genehmigung, selber Schnaps zu brennen.
Hatten sie zu viele Früchte – Kirschen, Pflaumen, Äpfel oder Trauben – konnten sie daraus Alkohol machen. Das durfte nicht jeder Bauer.
Der Vater machte nur Schnaps aus Äpfeln und Birnen, während der Großvater am liebsten Kirschen nahm.
Um Schnaps zu bekommen, brauchte man einen Destillierapparat. In einem geschlossenen Kessel wurden die vergorenen Früchte gekocht. Der Alkohol verdunstete und strömte durch ein langes geschwungenes Rohr. Am Ende lief dieses Rohr in Windungen durch ein mit kaltem Wasser gefülltes Faß. Der Alkoholdampf wurde flüssig und fiel Tropfen für Tropfen in einen Behälter. Großvater wußte genau, wie oft er destillieren mußte, um einen guten Schnaps zu bekommen, der den Magen wärmte. Der Nachbar Philip hatte keinen Destillierapparat. Zu ihm kam ein umherziehender Schnapsbrenner, der seinen Apparat jedes Jahr bei ihm auf dem Hof oder auf dem Dorfplatz aufstellte.

Das Schweineschlachten

An diesem Morgen gab es für jeden zu tun, denn die Sau wurde geschlachtet. Das Wasser siedete in großen Kesseln auf dem Herd, Schüsseln und Wannen standen bereit. Am Haus lehnte die große Leiter. Auf einem Tisch lagen Hackbeile und scharfe Messer. Der Vater wartete auf den Metzger. Die Nachbarn waren gekommen, um zu helfen. Alles rief und schrie – da wurde die Sau geholt. Sie grunzte, quiekte und wehrte sich, doch im Nu war sie festgebunden und abgestochen. Aus dem Blut bereiteten Mutter und die Mägde später die Blutwurst. Das Schwein wurde mit kochendheißem Wasser gebrüht, gebürstet und abgeschabt. Die Männer hängten es auf, um es auszunehmen und in Stücke zu zerlegen. „Verhungern können wir nicht", sagte der Vater, als er die vielen Würste, die Speckseiten und die Schinken sah. Alles wurde verarbeitet, vom Kopf bis zum Schwanz. Aus der Blase machte sich der Max einen Ballon. Aber der Vater nahm sie ihm weg. Sie sollte sein Tabaksbeutel werden. Als alles fertig war, gab es ein großes Schlachtfest.

Die Technik zieht ein

Wieder vergingen Jahre.
Als Hans, der Sohn von Katharina und Jakob, erwachsen und Bauer auf dem Hof geworden war, veränderte sich das Leben auf dem Lande immer mehr. Es kamen Maschinen, die die Arbeit der Bauern erleichterten und ihnen halfen, die Produktion zu verbessern.
Jakob, der alte Bauer, murrte: „Schafft ein guter Drescher nicht seine fünfzig bis achtzig Garben am Tag? Muß denn immer etwas Neues angeschafft werden?“ Aber diese mühsame Arbeit dauerte Wochen und Monate.
Die mechanische Dreschmaschine, die von einem Pferd angetrieben wurde, drosch dann vierzig bis fünfzig Garben in der Stunde.
Einige Jahre später schaffte der Hans sich eine Dampfdreschmaschine an, die hundert bis zweihundert Garben in der Stunde drosch und gleichzeitig das Stroh bündelte. In wenigen Tagen war die Arbeit erledigt, und die Ernte stand zum Verkauf bereit. Dieses Lokomobil wurde mit Kohle beheizt. Es war durch einen langen Lederriemen mit der Dreschmaschine verbunden, denn alle hatten Angst, daß ein Feuerfunken das Stroh in Brand stecken könnte.
Jeder Bauer im Dorf sollte die Möglichkeit

haben, mit diesen neuen Maschinen zu arbeiten. Deshalb gab es jetzt Dreschbetriebe, die mit ihren Leuten von Hof zu Hof zogen.
Als Hans vierzig Jahre alt wurde, kaufte er sich einen Dieseltraktor. Dieser Traktor, der jetzt die Maschinen zog, war der Großvater von unserem heutigen Traktor. Manche rollten bereits auf Gummireifen und waren bald überall auf den Dörfern zu sehen.
Etwas später schaffte sich der Nachbar von Hans einen Mähbinder an. Hans war ganz aufgeregt. Diese Maschine schnitt nicht nur das Getreide, sondern sie band es automatisch zu Garben, schon auf dem Feld.

Auf den Feldern verschwanden allmählich die schwitzenden Mäher mit ihren Sensen. Die Maschinen waren natürlich teuer, und nicht jeder Bauer konnte sie sich anschaffen. Gegenseitige Hilfe war notwendig. Hans und sein Nachbar taten sich zusammen, um Maschinen zu kaufen, die sie abwechselnd benutzten. Diese Maschinen nahmen den Menschen die Arbeit ab, doch viele Tagelöhner und Landarbeiter fanden nun keine Arbeit mehr. Sie verließen ihre Dörfer und suchten neue Arbeit in der Stadt.

Der Hof heute

Den alten Hof an der Landstraße, auf dem Katharina und Jakob mit Hans und Elisabeth gelebt und gearbeitet haben, gibt es nicht mehr. Dafür lebt jetzt der Sohn von Hans, Christian, mit seiner Familie dort in einem neu umgebauten Haus. Es ist größer, heller und luftiger. Es gibt mehr Stuben als früher, der Dachboden ist ausgebaut, die Tannenholzböden sind versiegelt. Daß alles so praktisch ist, darauf ist Christians Frau Inge besonders stolz. Auf dem Dach der Garage gibt es eine große Terrasse.
Die Scheune und der Stall, die baufällig und unpraktisch geworden waren, sind neu gebaut. Es gibt kein Taubenhaus mehr. Dort steht jetzt ein Futtersilo, in dem Christian für den Winter Mais und Futter für die Tiere lagert. Das Frischfutter holt er jeden Morgen mit dem Traktor und dem leichten Ladewagen vom Feld.
Die Milch wird maschinell in einen Tankwagen gefüllt, um zur Milchzentrale gebracht zu werden. Nach dem Frühstück räumt Inge die Spülmaschine ein und setzt ihre Waschmaschine in Gang. Heute morgen hat sie Kräuter im Garten gepflückt, sie hackt sie klein und friert sie für den

Winter in der Tiefkühltruhe ein. Die Tiefkühltruhe ersetzt das Einmachen und das Pökelfaß von früher.
„Ich fahre nachher ins Dorf zum Einkaufen", ruft sie den älteren Kindern zu. „Wollt ihr mit?"
Sie findet im Dorf alles, was sie für den Haushalt braucht und was sie nicht im eigenen Garten hat.
Jeden Freitag fährt Inge mit dem Lieferwagen auf den Markt und verkauft das Gemüse und die Früchte, die sie übrig hat.
Früher blieb man oft ohne Nachricht von den Verwandten, die auf entfernten Höfen wohnten.
Besuche mit dem Pferdewagen waren beschwerlich und lang. Heute ist es ganz selbstverständlich, daß man sich besucht.
„Kinder, am Nachmittag fahren wir zu Tante Vroni. Sie hat angerufen."
„Im Fernsehen heißt es, daß wir Regen bekommen. Denk an die Gartenmöbel, wenn du fortfährst", sagt Christian zu seiner Frau, „und nimm doch das Radio mit zu Maier und laß es reparieren."
Christian läßt den Motor des Traktors an und fährt den Wagen in die Scheune.

Landwirtschaft heute

Am Anfang unseres Jahrhunderts lebte ein Viertel aller Menschen in Deutschland von der Landwirtschaft. Heute sind es noch 5–10%. Und doch steigt die Produktion ständig. Der technische Fortschritt hat auch die Landwirtschaft verändert.
So zieht zum Beispiel ein Traktor heute einen Riesenpflug mit zwölf Pflugscharen, und ein Mähdrescher schneidet und drischt acht bis fünfzehn Tonnen Getreide in der Stunde.
Die mechanischen Sämaschinen haben den Sämann verdrängt. Wenn es nicht genug regnet, bewässern Berieselungsanlagen die Felder und Plantagen.
Der Landwirt kann seine Produktion steigern, indem er sich spezialisiert. Er baut zum Beispiel Getreide wie Weizen, Gerste oder Futtermais an, oder er hat große Obstplantagen. Ein anderer hat eine Schweinezucht oder nur Milchvieh. Früher waren die Rinder ja auch Zugtiere, und eine Kuh gab etwa 1500 Liter Milch im Jahr. Heute gibt eine Milchkuh 4500 Liter Milch. Die Tierzucht ist zur Industrie geworden. Die Kühe werden mit elektrischen Melkmaschinen gemolken. Die

Molkereien sammeln die Milch in großen Milchbehältern und Tankwagen. In der Molkerei wird sie zu Sahne, Butter, Joghurt und Käse verarbeitet, oder sie wird sterilisiert, eingedickt, oder es wird Milchpulver hergestellt.
Durch die Technik ist der Betrieb sehr teuer geworden. Es gibt Maschinen, die nur kurze Zeit im Jahr benutzt werden. Deshalb helfen landwirtschaftliche „Betriebshelferringe“ und Genossenschaften den Bauern beim Gebrauch von Geräten und Maschinen. Diese Genossenschaften organisieren auch den Einkauf von Dünge- und Futtermitteln.
Es gibt Landwirte, die sich zusammentun, sich gegenseitig helfen und ihre Interessen gemeinsam wahrnehmen. Dadurch wird die Modernisierung billiger, und die Einkünfte werden verbessert.
Es genügt nicht, nur herstellen zu wollen, man muß auch seine Produkte zu den besten Bedingungen verkaufen. Der direkte Verkauf an die Verbraucher auf dem Markt genügt nicht mehr. Deshalb bedienen sich viele Landwirte der Genossenschaften, die den Verkauf auf den nationalen und internationalen Märkten übernehmen. Im Rahmen der Europäischen Gemeinschaft werden die Preise für die wichtigsten landwirtschaftlichen Erzeugnisse der Länder des gemeinsamen Marktes festgelegt.
Wenn man heute Landwirt werden will, muß man auf eine landwirtschaftliche Schule gehen oder auf eine Hochschule, um eine gute Ausbildung zu bekommen, wie in jedem anderen Beruf auch. Früher ging man nur bei seinem Vater in die Lehre. Man begleitete ihn aufs Feld und

machte seine Arbeit mit. Von der Mutter lernte man melken, füttern, buttern und Brot backen und alle notwendigen Arbeiten. Heute ist es nicht mehr möglich, so zu leben wie früher. Eine Landwirtschaft braucht Geld, um Geräte, Maschinen, Kraftstoff, Dünge- und Saatmittel zu kaufen. Außerdem hat der Mensch ja auch persönliche Bedürfnisse. Der Landwirt muß also einiges Geld in seine Landwirtschaft „hineinstecken“, man sagt investieren, weil sein Hof ein richtiges Unternehmen geworden ist, das er gut verwalten muß, um Gewinne zu erzielen.
Der Beruf des Landwirts verlangt Intelligenz, Wissen, technische Kenntnisse, Fleiß und Liebe zur Natur. Wir in unserer Welt können nicht ohne Landwirte leben. Wir brauchen sie, sie ernähren uns. Das ist doch eine lohnende und befriedigende Aufgabe.

Worterklärung

Ackerwalze zylinderförmige Rolle, von Pferden oder Traktor gezogen, um die Erdschollen einzuebnen und zum Einpressen der Saat
Amboß (Dengelstock) Unterlage zum Glatthämmern des beschädigten Sensenblattes

Bettschrank ein mit Schiebetüren oder Vorhängen geschlossener Bettkasten, in dem die Menschen schliefen
Bucheckern Früchte der Rotbuche, aus denen Öl gepreßt wird, die zur Schweinemast und zum Breikochen verwandt werden
Butterfaß hölzernes oder irdenes Gefäß, in dem die Sahne zu Butter geschlagen wird

Destillierapparat Gerät, in dem man durch das Erhitzen von vergorenen Früchten und anschließender Abkühlung Alkohol gewinnt
Dreschboden Platz auf dem Hof oder in der Scheune, auf dem das Korn gedroschen wird
Dreschflegel altes Handgerät zum Dreschen

Egge rechenförmiges Gerät, um den Ackerboden zu lockern, zu zerkrümeln und einzuebnen (die Saat einzueggen)
Europäische Wirtschaftsgemeinschaft (EWG) 1957 schlossen die westeuropäischen Länder Belgien, Bundesrepublik Deutschland, Frankreich, Italien, Luxemburg und die Niederlande Verträge über einen gemeinsamen Markt, einen freizügigen Warenverkehr für fast alle Erzeugnisse und einen Abbau der Zölle

Furchenrad Rad, das Teile des Pfluges trägt und führt

gären Vorgang, bei dem Hefepilze den Zucker und die Stärke von geernteten Früchten verwandeln, wobei Alkolhol entsteht
Grummet zweite Heuernte, letzter Schnitt einer Wiese

irden aus gebrannter Erde, gebranntem Ton

Kelter Fruchtpresse
Kleie die beim Mahlen des Kornes abfallenden Schalen, als Viehfutter verwandt
kondensieren Vorgang, bei dem durch Abkühlen Dämpfe und Gase flüssig werden
konservieren Haltbarmachen von verderblichen Nahrungsmitteln durch Einkochen, Einfrieren, Einsalzen oder Trocknen
Kornschwinge flacher Korb zum Worfeln des Getreides
Kumpf Behälter für Wasser und Wetzstein, den der Mäher am Gürtel mit sich führt

Landwirtschaftliche Genossenschaft Zusammenschluß der Bauern zur gemeinsamen Nutzung von Maschinen, zum günstigen Einkauf und Verkauf von Waren und Produkten

mähen Schneiden von Gras oder Getreide mit der Sense oder der Mähmaschine
Mahlsteine kreisrunde, scheibenförmige Steine, zwischen denen Früchte oder Körner zerdrückt werden
Mandel Getreidepuppe aus 12 bis 15 Garben
mästen Füttern zum Zwecke des Dick- und Fettwerdens mit Mastfutter, einem besonders nahrhaften Futter
Miete mit Stroh und Erde als Frostschutz bedeckter Stapel von Feldfrüchten wie Kartoffeln oder Rüben zur Überwinterung
Mistelkrone immergrüner Strauch mit kurzen Ästen und weißen Beeren, der als Schmarotzer auf Bäumen wächst
Molke Flüssigkeit, die sich bei geronnener Milch oder Joghurt absetzt, Nebenprodukt bei der Herstellung von Käse
Most vergorener Obstsaft, z. B. Apfelmost

pökeln Einsalzen von Fleisch, um es haltbar zu machen
Produktion Herstellung von Waren und Gütern

Rätsche Rassel
Raufe Holzbehälter, aus dem Tiere Futter herausholen können
Rechen Gerät zum Harken von Gras, Halmen, Blättern in Landwirtschaft und Garten

Schilf Reet und Rohr, das zum Dachdecken verwandt wird
Schwaden Reihen von gemähtem oder gerechtem Gras oder Getreide
Sense Mähwerkzeug mit langem Stiel
Sichel kleines Mähwerkzeug mit Bogenklinge
Silo großer Behälter zum Einlagern von Getreide oder von eingesäuertem Futter
Sohle Teil des Pfluges, das den sicheren Gang gibt und zum Streichblech gehört

spezialisieren sich auf ein Gebiet beschränken und dieses besonders eingehend studieren oder sich darauf ausrichten
Spinnrocken Holzstab, auf dem die zu verspinnenden Fasern aufgewickelt sind
sterilisieren Keimfreimachen durch Erhitzen, um zum Beispiel Lebensmittel haltbar zu machen
Sterz Führungsgriff am Pflug
Streichblech Teil des Pfluges, schneidet den Erdstreifen ab

Tabaksbeutel Beutel zum Aufbewahren des Pfeifentabaks
Tagelöhner Arbeiter (besonders auf dem Land), der nur für wenige Tage eingestellt wird und täglich seinen Lohn bekommt
Traktor meist durch einen Dieselmotor angetriebenes Schleppfahrzeug, das heute für alle Feld- und Transportarbeiten in der Landwirtschaft eingesetzt wird.

walken kneten, Teig kräftig durcharbeiten
Wetzstein Stein, mit dem der Mäher die Sense schleift